NOTICE NÉCROLOGIQUE

SUR

M. FÉLIX TRUTAT;

PAR

M. Azarie PIFTEAU, Membre résidant.

TOULOUSE,

IMPRIMERIE DOULADOURE:

ROUGET FRÈRES ET DELAHAUT, SUCCESSEURS,

Rue Saint-Rome, 39.

1868.

NOTICE NÉCROLOGIQUE

SUR

M. FÉLIX TRUTAT.

NOTICE NÉCROLOGIQUE

SUR

M. FÉLIX TRUTAT ;

Par M. Azarie PIFTEAU, Membre résidant.

MESSIEURS,

Lorsque, fidèles à vos usages, vous déléguez le devoir d'offrir, en votre nom, un hommage public à la mémoire des membres que la mort nous a ravis, vous imposez à celui auquel échoit cet honneur une tâche qui serait douce et facile, s'il n'avait qu'à traduire l'expression de vos affectueux regrets. Mais là ne se borne point l'obligation qu'il contracte ; il doit rechercher tous les actes de la vie du confrère dont l'éloge lui est confié, et ne rien omettre de ce qui, dans ses qualités personnelles, ses œuvres et les services qu'il a rendus, ont pu lui concilier l'estime publique, et lui mériter d'être admis parmi vous. En présence des mérites distingués de *M. Trutat*, j'aurais dû, me défiant de moi-même, laisser à un autre le soin de les rappeler. Mais, doyen de la Compagnie, j'ai compté sur de bienveillantes dispositions. Ce titre m'avertissait d'ailleurs que je ne dois pas remettre à plus tard l'accomplissement des devoirs qu'impose l'honneur de vous appartenir.

La famille de FÉLIX TRUTAT était originaire de Paris, où

plusieurs de ses, membres avaient occupé, dès le règne d'Henri IV, des fonctions notariales. Destiné à la carrière des armes, il fut nommé, le 3 juillet 1813, à sa sortie de l'école militaire, où il avait été admis à l'âge de 16 ans, lieutenant en second au 3ᵉ régiment d'artillerie. Il assista en cette qualité, au combat de *Ligneron*, en Silésie, au siége et au blocus de *Glogaw*.

Licencié à la suite des événements de 1815, ses loisirs furent utilisés par l'étude de la médecine à la Faculté de Strasbourg. Il fut rappelé en 1817, et classé dans le corps des pontonniers ; quelques années plus tard, il dirigeait les constructions importantes alors en cours d'exécution dans l'arsenal de Toulouse, où il était chargé du soin des bâtiments.

En 1828, un peuple que ses malheurs et de grands souvenirs recommandaient aux sympathies de l'Europe, vit se déployer sur ses mers le pavillon de la France. Aidé de puissants alliés, il venait l'arracher à une odieuse et trop longue oppression. Le mémorable combat de Navarin affranchit la Grèce, dont les suprêmes efforts s'épuisaient dans une lutte acharnée et inégale. Puisse-t-elle revivre avec éclat à la civilisation et aux arts, dont elle fut le berceau ! En nommant la Grèce, je dois saluer cette terre aux nobles aspirations. Si, à la grande époque de ses gloires, des génies immortels, les inimitables chefs-d'œuvre de la statuaire, l'ont illustrée ; si elle tressa de brillantes couronnes aux vainqueurs de ses jeux, de nos jours ont surgi de son sein de nouveaux Léonidas qui ont brisé ses fers, et dont la tombe, où ils dorment du sommeil de la gloire, redit, comme celle de leurs héroïques devanciers : *Passant, va dire à Sparte que nous sommes morts ici pour obéir à ses lois.* Ajoutons, Messieurs, qu'après plus de vingt siècles, il était réservé à notre France de cueillir des lauriers sur cette même terre qu'ombrageait son drapeau libérateur.

Attaché à l'état-major de l'expédition de Morée, M. Trutat fut chargé de la direction du matériel de campagne de l'armée. Ses services lui méritèrent son admission dans la Légion d'honneur et la croix d'officier de l'ordre du Sauveur.

A l'issue de cette campagne, le jeune capitaine, dont la haute intelligence s'était déjà révélée, eut la mission de diriger les fouilles du temple de Jupiter olympien. Elles furent fructueuses ; on y retrouva notamment le bas-relief des travaux d'Hercule, aujourd'hui placé dans les galeries du Louvre. Notre Musée d'antiquités possède une tombe turque, et d'autres fragments précieux, provenant des mêmes fouilles.

Il était rentré à Toulouse, comme commandant de la compagnie des ouvriers d'artillerie, lorsqu'en 1835, notre fleuve, sorti avec impétuosité de son lit, causa de grands désastres qui portèrent la désolation dans plusieurs quartiers voisins de ses rives, surtout au sud de la ville. Cette calamité provoqua des actes nombreux d'abnégation et de dévouement. Notre confrère fut, dans cette douloureuse circonstance comme toujours, homme de cœur et d'intrépidité. Seul, il courut chercher les ouvriers de la poudrerie, demeurés à leur poste, et que les eaux allaient engloutir. M. Trutat avait affronté un immense danger ; il estimait en être largement indemnisé par le bonheur d'avoir prouvé à sa famille militaire combien elle lui était chère. Mais cet acte éclatant de courage avait été remarqué, la croix d'officier de la Légion d'honneur en fut la récompense.

Vers cette époque, son existence fut embellie par le choix d'une compagne, dont les grâces et les douces vertus lui firent goûter tous les charmes du foyer domestique. Par cette union, qui lui réservait tant de bonheur, il était devenu le gendre, ou plutôt le fils aimé d'un officier général dont les talents et le noble caractère ont laissé les meilleurs souvenirs dans l'arme du génie, à laquelle il appartenait, et que notre département compte parmi les hommes de guerre dont il est fier de revendiquer la gloire.

Toulouse étant ainsi devenue la patrie adoptive de notre confrère, il fut autorisé à passer du corps d'artillerie dans celui de l'intendance. Il y obtint un avancement mérité, et était parvenu au grade de sous-intendant de première classe, faisant fonctions d'intendant, lorsqu'en 1857, il dut être admis à la retraite. La haute administration militaire , qui avait apprécié ses services, jugea qu'ils pouvaient être encore utilisés. La charge de commissaire impérial près le conseil de révision étant devenue vacante, il y fut immédiatement nommé.

Après avoir dit les principaux faits qui se rattachent à la vie militaire de M. Trutat , je dois , Messieurs, rappeler ses travaux agricoles. Ils sont remarquables , et justifient pleinement son admission parmi vous , qui eut lieu en 1852.

Devenu propriétaire du domaine de *Laounou* , commune de Fonsorbes , il l'avait en quelque sorte transformé , en y introduisant de nombreuses et intelligentes améliorations. Ses principales opérations eurent pour objet l'arrosage et le colmatage des prés. Il obtint , sous ce rapport, d'heureux résultats , qui sont consignés , avec l'exposition de ses méthodes, dans des écrits pleins d'intérêt et de sages conseils.

Il s'occupa aussi avec un grand succès de l'élevage du cheval. Ses juments poulinières et leurs produits obtinrent, pendant plusieurs années , une grande partie des primes départementales.

M. Trutat était né à Dijon. La culture de la vigne ne pouvait qu'intéresser un Bourguignon. Aussi le mode d'exploitation de cette branche de l'industrie agricole, usité dans la Côte-d'Or , fut-il introduit dans sa propriété. Il y a parfaitement réussi et peut être considéré aujourd'hui comme consacré par la pratique. Les procédés spéciaux concernant la vinification sont décrits avec lucidité dans un Mémoire auquel l'expérience et le savoir de son auteur donnent la plus grande autorité ; il est inséré dans notre Recueil , ainsi que les observations qu'il vous a présentées en 1858 sur la *greffe* et les *propriétés des cépages.*

Le premier , il se livra , dans ce pays , à des essais pour le traitement des défrichements par la poudre d'os. Son exemple fut suivi ; le succès qu'obtint l'emploi de cet engrais en rendit bientôt le prix très-élevé.

Le degré de prospérité atteint par le domaine de *Laounou*

appela votre attention , et valut à son propriétaire une médaille d'argent au Concours de 1852.

Les cours d'eau non navigables avaient été, de la part de M. Trutat, l'objet d'études sérieuses. Il y avait été amené par le projet d'amélioration de la rivière du Touch , dont il était riverain. Membre du syndicat chargé de diriger les travaux , il publia sur cette entreprise un Mémoire , piquant par la forme , et contenant des aperçus sur l'endiguement et le redressement de ces cours d'eau , sur les moyens de donner l'écoulement non-seulement aux eaux de source , dont l'origine est souterraine , mais encore et surtout à celles superficielles provenant de la pluie et des courants latéraux des digues. Un système bien entendu de fossés et de nauzes, le nettoyage général de la rivière, l'arrachement des arbres plantés sur les berges à des distances nuisibles , enfin l'obligation aux usiniers de rentrer rigoureusement dans les règles prescrites à leur égard , y sont indiqués comme pouvant efficacement prévenir les inondations .

L'organisation des syndicats , leur composition , les formes à suivre dans l'exercice des pouvoirs qui leur sont confiés , sont encore décrits dans ce travail avec la parfaite intelligence d'une institution dont l'utilité, dans la pensée de notre confrère , serait très-contestable , au moins en ce qui concerne la rivière du Touch. Cette opinion , que partagent peut-être les riverains de quelques autres cours d'eau analogues, est fondée sur ce qu'indépendamment du danger des redressements, des travaux qui ajoutent à la rapidité du torrent et ébranlent la stabilité du vieux lit , on doit tenir compte des dépenses considérables imposées aux riverains , sans leur donner la garantie qu'ils seront protégés par les sacrifices auxquels ils se condamnent. La Société n'ayant pas à intervenir dans cette délicate question , s'est bornée à la signaler à la sollicitude de l'administration supérieure.

Le régime des cours d'eau, en général , a fourni , quelques années plus tard , à M. Trutat le sujet d'un second Mémoire. Cette savante étude, qui peut être considérée comme un traité complet sur la matière, ne saurait être analysé. Son insertion dans notre Recueil permettra d'y recourir : on y trouvera les calculs les plus précis et des appréciations pleines de justesse sur la vitesse des eaux, la forme et le changement de lit des rivières, l'effet des crues, les systèmes hydrauliques des différentes contrées, les digues insubmersibles, l'assainissement du sol latéral aux digues ; enfin sur le mode d'amélioration que ce travail a pour but de proposer.

Près du terme de mon récit, je dois dire, qu'homme du monde, M. Trutat s'y produisait avec les agréments d'un esprit cultivé, des formes polies et les avantages d'une éducation distinguée. Ses écrits accusent quelques allures auxquelles semble prédisposer l'étude des sciences exactes; mais des habitudes des camps il n'avait retenu que la franchise et la loyauté, qui rendaient son commerce si sûr, ses relations si faciles.

Une maladie, dont le germe existait depuis plusieurs années, s'était lentement aggravée. Elle commençait à inspirer des inquiétudes plus sérieuses, lorsque, le 6 octobre 1865, la mort vint presque inopinément le surprendre chez un parent auprès duquel il s'était rendu dans l'espoir de respirer un air plus favorable.

Les consolantes pensées de la religion le soutinrent dans ses derniers jours, dont les tristesses furent adoucies par les soins de ses proches, qu'il chérissait, et dont il fut tendrement aimé. Il n'est plus, mais il revit dans un fils qui marche à grands pas dans la voie de la science, et vers le brillant avenir que lui préparent des succès précoces, et des qualités qu'on dirait lui advenir à titre héréditaire.

1er mars 1868.

Toulouse, Impr. Rouget frères et Delahaut, rue Saint-Rome, 39.